目　次　～Contents～

04	序章
06	ポートランド市内における集約型まちづくりの現状調査
16	集約型まちづくりの推進および環境に配慮した公共交通施策に関する調査
20	オレゴン州の概要および経済最新事情等に関する調査
24	集約型まちづくりの推進（住民参加）に関する調査
28	次世代自動車の普及に関する調査（シリコンバレー最新事情）
30	次世代自動車（FCV）の普及に関する調査
44	次世代自動車（環境対応者全般）の普及に関する調査
50	カリフォルニア州の概要および経済最新事情等に関する調査
52	コンテンツ産業に関する調査①
54	コンテンツ産業に関する調査②
14	ポートランド都心部を形成した2つのプラン 東京大学大学院准教授／村山　顕人
26	エコディストリクト：ポートランドから始まったエコまちづくり 東京大学大学院准教授／村山　顕人
42	地方自治体にとって水素社会の到来はどのような意味を持つのか 三菱UFJリサーチ＆コンサルティング株式会社／上田　義人
48	コンテンツ起点のインバウンド観光推進における顧客視点のマーケティングの必要性 株式会社電通中部支社顧客ビジネス局次長／安藤　真澄
58	スポーツイベントを契機とした地域の成長「愛知・名古屋モデル」の確立に向けて 株式会社電通電通ビジネスデザインスクエアビジネスプロデューサー／伊神　崇
60	事前勉強会等の実施状況
61	愛知県議会　海外視察団プロフィール
64	綴章
66	調査日程

序　章
Introduction

　『まつり(祭り)』+『ちく(地区)』=『街(まち)つくり』
　このユニークな"方程式"は、岡田邦彦・元名古屋商工会議所会頭(現在、公益財団法人にっぽんど真ん中祭り財団・理事長)からご教授いただいたもの。

　そこに「祭り」があり、それを支える「地区」や地域の人々の暮らしがある。『街づくり』とは「祭り」とそれを支える「地区」で出来ている。僕にとっては、最もわかりやすい"まちづくり"の解説である。

　今年、平成30年は、明治維新から数えて150年目にあたる歴史の節目。近代日本を形成してきた時間と空間、ハードとソフト、政治も経済も、大きな歴史の節目、時代の狭間、時間のつなぎ目を迎えている。

　そうした中、"街(まち)づくり"という言葉は、首都東京を中心とした大都市圏をはじめとして、大中小さまざまな規模の生活圏(市町村)に至るまで、そこに暮らす人々の明日、将来、未来の暮らしを模索するための、万能なキーワードとしての役割を果たしているのかも知れない。

　平成29年度愛知県議会9月定例議会における議決を経て、9名の愛知県議会議員が"街づくり"の最先端と言われるアメリカ合衆国オレゴン州(ポートランド市)をはじめ、次世代モビリティーとエネルギー、コンテンツ産業の可能性、これら3つのテーマを調査目的に据え、国内類似事例調査等、密度の濃い約2カ月間の準備期間を経て、調査団メンバーそれぞれの責務と期待を胸に調査地・北米へと向かった。

　本書は、平成24年に出版し"全国初のユニークな議員本"として話題となった「愛知県議会海外調査団有志の会」企画制作による共著『ボルダーの挑戦。−Smart CityにみるAichiの未来−』(株式会社 流行発信)に続く第2弾であり、前著と同様に、調査団(議員)の奮闘ぶり

を、議員自身が現地で撮影した写真と、現地で感じたナマの言葉で表現されている、現職の愛知県議会議員の手作りによる"新しいメディア"である。

「地方議員への成り手がいない」、「人材不足だ」などと言われて久しいわが国地方議会の危機的人材難。これからの未来に求められる"地方議員像"を模索するための一助としても本書を活用していただけるのであれば幸甚である。

なお、この度の海外調査団派遣にあたり、事前の国内類似調査等へのご協力をはじめ、出版にあたり寄稿文をお寄せいただきました村山顕人准教授（東京大学）、安藤真澄氏（株式会社電通）、上田義人氏（三菱UFJリサーチ＆コンサルティング株式会社）、伊神崇氏（株式会社電通）、そして前著『ボルダーの挑戦。－Smart CityにみるAichiの未来－』に引き続き、「地方議員による海外調査報告書を如何にして、楽しんで"読んでもらう化"」という僕たちのあくなきチャレンジに対して、多くの時間とエネルギーを費やして下さった（株）MID-FM・松岡佳典さん、（株）名古屋リビング新聞社・中島幸子さんに、この場をお借りして心より感謝を申し上げます。

平成30年3月
愛知県議会議員
寺西むつみ

01.
ポートランド市内における
集約型まちづくりの現状調査
ポートランド市内

調査日／2017年10月29日(日)
調査先／ポートランド市内
対応者／現地ガイドによる案内

ポートランドの衝撃 | Portland

ポートランドのジレンマ。

　成田空港からポートランド国際空港（POX）までは、デルタ航空の直行便で約9時間半。座席の前のラックにあった機内誌「sky」を手に取る。表紙に描かれている緑深い森の写真とともに「Oregon」の大きな文字。ページをめくるとポートランドのことが数ページにわたって書かれている。

　『ポートランド。流行を常に生み出す稀有な街。
　全米で最もクリエイティビティに溢れる街、と評されているポートランド。この街を知ることは、次に何が流行るかを知ることに通じている。

　アメリカ合衆国オレゴン州、その最大の都市であるポートランドは、全米で最も住みやすい都市と言われている。通年穏やか気候と、豊かな自然に囲まれた環境にあるこの小さな都市は、路面電車などの公共交通や自転車などで移動をカバーできるので、全米で最も環境に優しい都市にも選ばれている。

ポートランドの衝撃 | Portland

　創造性と多様性を重んじる文化は、そんなポートランドの街を愛する人たちの間で育まれた。ローカルの昔ながらの個人商店を大事にしつつ、いろんなことを協力し合って新しいプロジェクトやビジネスを生み出して行く。そんなリベラルな気風を持つポートランドに魅せられた各分野のクリエーターたちがこの地に移住し、また新しい文化を生み出す。この好循環により、ポートランドは何度訪れても新鮮な街として、世界中のツーリストに愛され続けているのだ』（デルタ航空・機内誌「sky」より引用）

　「全米で最も住みたい街」にも選ばれるポートランド。
　まるで夢のような、理想的な都市での暮らしが叶う街へと、期待が膨らむ。

　ポートランド到着当日、現地は日曜日。翌朝、調査先として訪問するポートランド市交通局（The City of Portland Bureau of Transportation）、続いて同市住民参加局（ONI:Office of Neighborhood Involvement）での「まちづくり、環境、交通ネットワーク等」に関する会議へ臨む前に、私たち調査団メンバーはまず、交通ネットワークを実体験するために街へ出た。

ポートランドの衝撃 | Portland

　日本でも話題となっている公共交通機関"ストリートカー"へ、そして"ライトレール（MAX: Metro Area Express）"へ次々と乗り込む。

　紅葉する街路樹が本当に美しい。
　ライトレールMAXの車窓から見える都市の景色を眺めながら、ポートランドの市街地を心地よいスピードで走り抜ける。

　しかし、この美しい景観とは裏腹に"全米一住みたい街・ポートランド"は、"慢性的な車の渋滞""ホームレスの急増""不動産の急騰""多言語化による教育問題"など、典型的な大都市問題を抱え、近年の急激な人口増加と環境配慮を目指す都市計画のジレンマに陥り、その真っ只中にあった。

　（全米が憧れた街・ポートランドを訪れるのが、遅過ぎたのかも知れない）ライトレールに揺られながら、ふと思った。

これぞ"米国版・知足"の暮らし？

　大自然に囲まれるオレゴン州最大の都市、人口約60万人のポートランド（名古屋市の約4分の1程度の人口）。市内の中心部からクルマで30分も走れば、眼前に広がる海と山、絵に描いたような素晴らしい大自然。都市と自然、暮らしと癒しが絶妙のバランスで共存している理想の圏域。

　無理をしない地味な生活、DIY（Do it yourself）と呼ばれる自分自身で身の回りのものを作り修繕するライフスタイルの中心地として、新しい価値観を発信してきた街でもある。正に「足るを知る」"知足"の暮らしがここポートランドにある。

　アメリカのさまざまな調査やアンケートでも「全米で最も住みやすい街、住んでみたい街」に選ばれ、有名スポーツ関連企業であるナイキ本社（2016年7月から『NIKE BIKETOWN』を寄付により市内中心部で展開、GPS内蔵の自転車1000台が市内中心部に設置された100カ所のステーションが配置されている）や、アディダス社の北米拠点、世界的な半導体メーカーであるインテルの製造拠点のほか、多数のソフトウェア系企業が、ポートランドを中心にオフィスを構えていることからも、その暮らしやすさを求めて人々が移り住む理由を伺い知ることができる。

　しかし、その結果、あまりにも有名になり過ぎてしまったポートランドの人口は、急激に増え続け、移住者・移動者は一年間で7万人。このまま増え続ければ2035年には、さらに26万人ほど増える見通しであることに市側は危機感を募らせている。

ポートランドの衝撃 | Portland

　都市と自然の魅力が共存するポートランドの「住みやすさ」に惹かれて若いクリエイティブ層が集まり、そうした人々が原動力となって新しい価値観や産業が生まれているのが求心力の源である。とは言え、かつて2500万円〜3000万円程度で購入できたはずの一戸建てが、近年、隣接するカリフォルニア州（特にシリコンバレー）からの高所得者の移住が急増し、同じ物件が5000万円台に急高騰、土地も家屋もまだまだ値上がりを続けている。

"KEEP PORTLAND WEIRD!"
（ポートランドらしくいよう！）

　ポートランドで暮らす人たちが好んで使う言葉 "KEEP PORTLAND WEIRD!" は、日本語に置き換えると、それは、きっと "我只知足"（我れただ足るを知る）

　人気の街となった事による地価上昇と物価上昇、それに伴う高所得者とそれ以外との格差拡大という、かつてシリコンバレーで起こった問題がシリコンフォレストと呼ばれるポートランドからシアトルにかけて起こっているのである。

　"全米一住みたい街・ポートランド" は、「知足の暮らし」を取り戻すことができるのだろうか。

　今回の調査の焦点は "成功事例からの学び" ではなく、"成功と失敗の狭間" を乗り越えようとする極めて貴重なタイミングでの現地調査となった。

ポートランド都心部を形成した2つのプラン

東京大学大学院工学系研究科都市工学専攻　准教授
村山 顕人　Akito Murayama

1977年生まれ。博士（工学）。東京大学大学院工学系研究科都市工学専攻博士課程修了後、東京大学国際都市再生研究センター特任研究員を経て、2006年10月から2014年3月まで名古屋大学大学院環境学研究科都市環境学専攻助教授・准教授。2014年4月から現職。専門は都市計画・都市デザイン・まちづくり。共著に、「都市のデザインマネジメント：アメリカの都市を再編する新しい公共体」（学芸出版社，2002年）、「世界のSSD100：都市持続再生のツボ」（彰国社，2008年）など、共訳に「『間にある都市』の思想拡散する生活域のデザイン」（水曜社，2017年再販）。

　最近、日本で再び「ポートランド・ブーム」が起こっている。最初のブームは、筆者が学生だった1990年代後半から2000年代前半で、主に都市計画・交通計画・環境計画分野の専門家が、ポートランドの都市圏成長管理政策や都心部計画に関する調査を行い、明確なコンセプトを持つポートランドのまちづくりを日本に紹介した。小泉秀樹・西浦定継らによる「スマートグロース：アメリカのサスティナブルな都市圏政策」（2003年、学芸出版社）や筆者によるいくつかの論文や記事はその例である。当時、ポートランド都市圏政府メトロに勤務していた後藤太一氏が自らのウェブサイトでポートランドのまちづくりを詳細に紹介していたことも大きい。そして、吹田良平氏の「グリーンネイバーフッド：ポートランドに見る環境先進都市のつくりかたとつかいかた」（2010年、繊研新聞社）、ポートランド市開発局での勤務経験がある山崎満広氏による「ポートランド：世界で一番住みたい街をつくる」（2016年、学芸出版社）により、ポートランドにおけるその後のまちづくりの展開やライフスタイル・ワークスタイルが紹介され、また、ウェブサイトやSNSで現地の様子が直接伝わってくる中で、再びブームが起こっている。この間、「We Build Green Cities」というスローガンの下、ポートランド自らが環境都市のつくり方を世界に輸出する努力をしていることも見逃せない。

　筆者自身は、博士論文で都心部計画「セントラル・シティ・プラン」（1988年）の策定について研究した後、しばらくポートランドを訪問する機会がなかった。2010年代に入ってから、名古屋大学大学院環境学研究科で「低炭素社会を実現する街区群の設計と社会実装プロセス」に関する研究に参加する中で、ポートランド・サステナビリティ機構（当時）が始めた「エコディストリクト」のアプローチに惹かれ、その年次会議に参加するため、ほぼ10年ぶりにポートランドの都心部に行く機会を得た。そこで強く感じたのが、1988年に策定された計画が最新の環境技術・施策を伴って確実に実現され質の高い街のハードウェアが整備されると同時に、ポートランド特有の文化・産業が魅力的なライフスタイル・ワークスタイルを伴って街に根付いていることであった。ポートランドのまちづくりに関する最新情報は、前述の山崎氏の図書をご覧頂くとして、ここでは、現在のポートランドの都心部を形成した歴史的な2つの計画を紹介したい。

　1972年のダウンタウン・プラン（図1）は、それまで個別に対処して来た諸問題に対して、アクセスと交通の改善を基礎とした統合的な解決策を提案するものであった。そのコンセプトには、公共交通によって支えられ

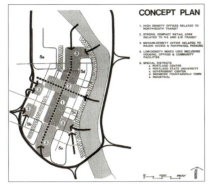

図1／ダウンタウン・プラン（1972年）のコンセプト図（出典：City of Portland: Planning Guidelines/Portland Downtown Plan, 1972）

る高密度オフィス軸の形成、ウィラメット川沿岸とダウンタウン西部における低層の街並みの形成、トランジット・モールの整備（歩道拡幅、パブリック・アートや噴水、街路樹の設置、質の高いデザインと維持管理、全てのバスがトランジット・モールを通るようなルート設定）、川とダウンタウン中心部をつなぐ商業軸の形成、小売商業を支える歩道と公共交通の改善、川沿いの幹線道路の廃止とその跡地における公園の整備、駐車場に代わる中央公共広場の整備、歴史地区保全（保全プログラム、平面駐車場新規整備の禁止、ライト・レールによる公共交通サービスの提供）、住宅供給（新しい住宅地区の整備、州及び自治体の助成プログラムの整備・活用、全ての所得階層向けの住宅供給）、デザイン・レビューの実施（全てのプロジェクトに対するレビュー、街路に沿った建物正面の配置、ダウンタウン中心部における地上階商業利用の義務付け）が含まれた。その後、この計画に従って様々なプロジェクトが実施され、その成果は高く評価されている。

　次世代の1988年のセントラル・シティ・プラン（図2）の策定は、1972年の計画で提案された施策のほとんどが実現された後に開始された。これは、1972年の計画の修正・拡張版であり、変化が起こりつつあったダウンタウンに隣接する7地区も対象とされた。セントラル・シティには、その後20年間で予想される成長を受け入れるために必要な量の9倍もの空地や低未利用地が存在しており、ダウンタウンの活力を維持し、発展する郊外のオフィス・商業地区と効果的に競争するために、秩序ある土地の開発が求められていたのである。計画のコンセプトは1972年の計画を発展させるもので、オープン・スペースの整備、公共交通軸に沿った中高密度市街地の形成、歩行者ネットワークの整備等が柱とされた。計画の内容は、ウィラメット川リバーフロント、住宅、交通、自然環境、公園とオープン・スペース、文化と娯楽、歴史保全、都市デザイン等の各分野の方針及び施策と、ダウンタウン及びそれに隣接する7地区の方針及び施策で構成された。この計画は数多くの成果を残しているが、中でも注目されるのが、産業構造の変化によって衰退した工業地区であったリバー・ディストリクトにストリート・カーを導入し、集合住宅を中心とする複合市街地を形成した一連の取り組みであろう。

　最新のポートランド市全体の都市計画は、「ビジョンPDX」（2008年）とその実行計画である「ポートランド計画」（2012年）、そして、「2035総合計画」（2016年）である。その後、ポートランド都心部の計画「セントラル・シティ2035」が検討され、2018年初旬には策定されることになっている。人口増加に伴う建物の高さと容積率の制限の緩和、ウィラメット川を囲むような環状のグリーン・ループ等が盛り込まれていると言う。
　「世界で一番住みたい街」、「グリーンな都市」をつくるポートランドの取り組みの根底には、こうした1970年代以降の丁寧な都市計画の仕事があることを忘れてはならない。

図2／セントラル・シティ・プラン（1988年）のコンセプト図（出典：Bureau of Planning, City of Portland: Central City Plan, 1988）

02.
集約型まちづくりの推進および環境に配慮した公共交通施策に関する調査

ポートランド市交通局

担当議員　鈴木　雅博

調査日／2017年10月30日（月）
調査先／ポートランド市交通局（Portland Bureau of Transportation, The City of Portland）
対応者／Linda Ginenthal氏（Active Transportation Programs Manager）
　　　　April Bertelsen氏（Active Transportation Planner）
　　　　Scott Cohen氏（Project Manager）

「幸せのシナリオ」を
どうデザインするのか？ ①

　誰しも、しあわせに生き、しあわせに働き、しあわせに暮らしたいと思っている。それぞれが描くシナリオは多種多様である。そして政治や行政はその街に住む人々が描く「幸せのシナリオ」の舞台となる都市（街）の都市計画マスタープランを練り上げデザインしていく。

「幸せのシナリオ」。その答えはどこにあるのだろう？

　ポートランド市はその解を「コンパクトシティー」に求めたのだ。
　では、ポートランド市がどのようなタイミングで"環境配慮の街"へと進化を遂げたのか、都市の変遷を紐解いてみると、そこに「コンパクトシティー」を選択した手掛かりがある。

　かつてポートランドの経済は造船業や鉄鋼業など、市内を南北に流れるウィラメット川周辺に広がる重工業により栄えた街であった。当時の名残りが、今も赤レンガの倉庫街等として"全米一住みたい街"の景観を創り出している。まるで"港町ヨコハマ"を彷彿させるようなお洒落な街並みがそこかしこに見られる。「歩いてみたくなる街」「歩いて気持ちの良い街並み」と言われる所以はここにあるのだろう。

　では、そんな重厚長大型産業の恩恵により発展した街が、なぜ環境に配慮したまちづくり（都市づくり）と充実した公共交通ネットワークを整備するコンパクトシティー化へと舵を切ったのか？

　それは、アメリカ合衆国連邦政府が計画（1960年代〜70年代）した、市街地の肥大化に伴い、市内と郊外をつなぐ"高速道路建設"への反対運動と言われている。結果的に建設計画は中止となり、それを契機にポートランド市は環境に配慮した都市を目指す。高速道路建設のための補助金を活用することで、公共交通ネットワーク整備を進め、現在では広域交通を担う「トライメット（TriMet:Tri-County Metoropolitan Transportation District of Oregon）」が運航するライトレール「マックス（MAX:Metro Area Express）」、路面電車「ストリートカー」、路線バス、同時に、歩行者や自転車専用道路も次々と整備され、自家用車を使わなくてもこれら公共交通機関などを使うことで、市内の広範囲を効率的に移動することが可能なまちづくりを実現している。

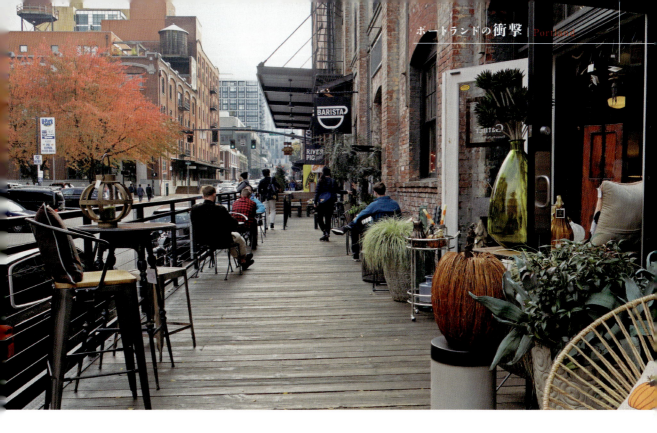

　さて一方、人口減少・超高齢化社会の到来を迎えているニッポンでは、市街地における人口密度の低下、容積率を有効に活用できていない土地（敷地）の増大といった「都市の低密度化」が"まちづくりの課題"となっている。

　国土交通省が取り纏めた「国土のグランドデザイン2050」では、こうした課題解決のための選択として「コンパクトシティー」に焦点があてられている。

　多種多様な都市機能が集約された市街地を、公共交通によりネットワーク化し連携させる「コンパクト・プラス・ネットワーク」という考え方。これを受けて、「立地適正化計画（鉄道駅周辺などの拠点となる区域に都市機能を適正に集約し、その周りに居住を誘導することを目的とした計画）」が都市再生特別措置法の改正において制度化され、全国各地の市町村で新たなまちづくりが進められている。その一方で、市街地で空き地や空き家が無秩序に発生する現象、「都市のスポンジ化」が起こっており、コンパクトシティー政策の推進にあたり大きな障害となっている。

　いずれにしても、40年以上も前にポートランド市民が選択した道は、正しい選択（道）であったと言える。それは"全米一住みたい街・ポートランド"の称号を長年に亘り獲得し続けている紛れもない事実が示してくれている。そして今、その称号を獲得し続けたポートランド市でさえも"次への選択"を迫られる時を迎えつつある。

03.
オレゴン州の概要および
経済最新事情等に関する調査

在ポートランド領事事務所
担当議員　石井 拓

調査日／2017年10月30日(月)
調査先／在ポートランド領事事務所
対応者／内山浩二郎(総領事)
　　　　須田善也(領事)

「幸せのシナリオ」を
どうデザインするのか？　②

　やはり"まちづくりのヒント"はポートランドにあった。

　ポートランド市には「ネイバーフッド・アソシエーション:NA（Neighborhood Association）」と呼ばれる聞きなれない制度がある。
　日本語に翻訳すれば「近隣協会」？「お隣りさん協会」??と言ったところだろうか。

　これは、ポートランド市の公式組織として認められている近隣住民による最小単位の集まりのことで、市がまちづくりの一環として1974年に創設した制度である。この制度における組織の活動内容は、地域の課題解決や土地の利活用等への提案など、まちづくりに直接的に関与するもので、もちろん市議会にも影響力を持っている。ポートランド市行政によって公式に認められたNAが95あるが、さらに、これらをとりまとめる7つの地区事務所（Neighborhood District Office）があり、これら上位組織オフィスを通して、暮らしのサポートや行政サービスを提供している。

　この「NA制度」と呼ばれる参加型民主主義は、2つのファクターによって支えられている。

ひとつは"幅"。

コミュニティーの中には多様な人々、多様な視点があり、同時に様々な声があるということ。言い換えるならば"間口の広さ"である。

そしてもうひとつは"深さ"。

住民が行政の決定に対して影響を及ぼすことができるということ。言い換えるならば"懐の深さ"である。

（幅：間口の広さ）×（深さ：懐の深さ）＝「幸せのシナリオ」なのだろうか？

また、ポートランド州立大学では、学生がまちに出て社会を体験的に学習するプログラムを築き上げていると言う。こうした地方大学と行政の連携による、まちづくり人材の育成、また、企業人や社会人の"バック・トゥ・スクール"により、社会や企業での「経験値」と学問的な「理論値」の相互交流が産み出すアイデアや、新たなトレーニング・プログラムは、都市が抱える課題解決へのヒントを導き出す可能性に溢れていると言える。

04.
集約型まちづくりの推進（住民参加）に関する調査

ポートランド市住民参加局

担当議員　岡 明彦

調査日／2017年10月30日（月）
調査先／ポートランド市住民参加局
　　　　（Office of Neighborhood Involvement, The City of Portland）
対応者／Paul Leistner氏（Neigborhood Program Coordinator）

ポートランドの衝撃 | Portland

街づくりに必要な"3つのパワー"。

「全米で最も住みたい街」コンパクトシティー・ポートランドの象徴とも言える公共交通システムの発展は、NAが市街地を走る高速道路建設を、住民の反対運動によって撤退させたことに起因すると言われている。「路面電車の街」「自転車の街」と称されるようになった"都市の進化の過程"には、それを創造する「参加型民主主義」があった。

世界各国の行政がトップダウンのアプローチを行う中、ポートランドでは40年間、"コミュニティー・ガバナンス"と呼ばれるこの「NA制度」を行ってきた。成功体験も失敗体験も、ポートランド市の行政運営の歴史には"市民参加型民主主義"の、あらゆるノウハウとスキルがぎっしりと詰まっている。現在のポートランドは、40年にわたる行政と議会、そして住民合意形成による変化と進化の賜物と言える。

まさに『For the Community, by the community, with the community.（ポートランド市民のための、ポートランド市民による、ポートランドの街づくり）』なのである。

とはいえ『Rome was not built in a day.（ローマは一日にしてならず）』の言葉のとおり、ポートランド市のみならず"街づくり"において必要なものは世界共通である。それは、"3つのパワー"、マンパワー（Man-power：人のチカラ）とエンパワー（Empowerment：権限移譲）、そしてペイシェンス（Patience：忍耐）に違いない。

エコディストリクト：ポートランドから始まったエコまちづくり

東京大学大学院工学系研究科都市工学専攻　准教授
村山　顕人　Akito Murayama

「我々は都市を変える計画を持っていて、それは地区に始まる。都市開発に関わる全ての決定において人々と地球を中心に据える。対等な者同士の世界的なコミュニティをつくり、地区スケールの都市再生の新しいモデルを展開する。」 2016年9月に米国コロラド州デンバー市で開催された「エコディストリクト・サミット2016」は、こうした力強い意思を共有する実務家や研究者の密度の高い情報・意見交換の場であった。

エコディストリクトは、2009年に米国オレゴン州ポートランド市の市役所からスピンオフしてつくられた非営利組織ポートランド・サステナビリティ機構が、既成市街地における地区スケールのハード及びソフトのプロジェクトを通じて環境負荷の小さい都市をつくる取り組みを市内5つのパイロット地区で展開し、その体制やプロセスの枠組みを一般化したことに始まる。この動きを引率してきたのは、ポートランド市役所、バンクーバー市役所、クリントン財団において持続可能な開発・政策に関わる20年の実務経験を持つ、エコディストリクト創設者・CEOのロブ・ベネット氏だ。

エコディストリクトの枠組みの特徴は、地球・流域圏・都市圏・自治体・地区・建物のマルチスケールに関係する環境の課題に地区スケールの都市再生を通じて応答していくアプローチである。地区は、素早くイノベーションを起こすのに十分な小ささと同時に、意味のある影響をもたらす十分な大きさを持ち、持続可能性を加速させるのに適正な規模だと言われている。初期に推進されていたパイロット地区では、(1) 地区の組織化、(2) 地区の評価とプロジェクトの提案、(3) プロジェクトの実現可能性の評価、(4) プロジェクトの企画・開発・実施、(5) 地区のモニタリングという枠組みの下、建物や都市基盤に関わるハードウェアと人々や生活行動に関わるソフトウェアの施策が統合的に導入されようとしていた（図3）。ハードウェア施策としては、建物の改修や建て替え、自転車専用レーンの整備、歩道の改善、グリーン・インフラストラクチュアの導入（雨水マネジメントや緑化）、廃棄物や下水の処理、地域エネルギー・システムやスマート・グリッドの導入、都市農地の確保、パブリック・アートの設置、多様な公共交通手段の確保などがある。また、ソフトウェア施策としては、研修・教育、社会マーケティング、エネルギーや交通の需要管理、資源の共同利用（カー・シェアリングやバイク・シェアリングを含む）、パフォーマンス・ダッシュボード（IoTを活用した地区の環境性能の見える化）などがある。

エコディストリクトのこうした枠組みは、全米そして世界から注目を浴び、ポートランド市を超えた取り組みに急成長している。同時に、環境都市ポートランドの文脈から持続可能性の環境の側面が重視された当初の枠組みは、社会や経済の側面をも含む様々な都市問題に応答するものへと発展した。2016年には、「気候」、「社会的公正」、「レジリエンス」の3つの原則、「場所」、「繁栄」、「健康」、「つながり」、「居住基盤」、「資

図3／初期のエコディストリクトの枠組み（出典:Portland Sustainability Institute: The EcoDistricts Framework v1.1, 2011）

図4／エコディストリクト・プロトコルの枠組み（出典:EcoDistricts: PROTOCOL VER¦1.1, 2016）

源保全」の6つの優先事項、「組織化」、「ロードマップ」、「達成評価」の3つの実現段階で構成され、地区スケールの都市再生の進め方を共通言語化した「エコディストリクト・プロトコル」が公開された。これは、住民、地権者、就業者、事業者、企業、NPO、行政を含む多様な主体の協働で既成市街地をエコディストリクトに転換するための枠組みであり、取り組みの規範と認証の仕組みが含まれている。

エコディストリクト認証の特徴は、取り組みの段階を4つに分けていることと取り組みの項目を選択できることで、これはエコディストリクトの枠組みが主に既成市街地を対象としていることによる。ここで、4つの段階とは、上記3つの原則に取り組む意思を持つワーキンググループを結成する段階1、多様な主体の協働で取り組むリーダーシップと意思決定機構を形成する段階2、先導的なプロジェクトの実施とそれらへの投資を含むロードマップを策定する段階3、プロジェクトの実施状況のモニタリングとそれらによる効果の評価を行う段階4である。

エコディストリクトのウェブサイト（https://ecodistricts.org）を見ると、エコディストリクト・プロトコルとエコディストリクト認証の紹介のほか、アドバイザー・サービス、専門家養成、事例研究、エコディストリクト・サミットを含むイベントの情報などが掲載されており、会員になると、さらに様々な情報にアクセスしたりサービスを受けたりすることができる。

名古屋市の都心部に位置する錦二丁目では、「これからの錦二丁目長者町まちづくり構想2011-2030」（2011年）に基づき、錦二丁目まちづくり協議会を中心とする草の根的まちづくり活動が行われている。2014年度からは、既に始まっていた「自然エネルギー利活用プロジェクト」、「都市の木質化プロジェクト」、「公共空間デザインプロジェクト」「長者町家プロジェクト」を「低炭素」というキーワードで束ね、2030年までに地区全体の二酸化炭素排出量を2010年比で3割削減することを目標とする「錦二丁目低炭素地区まちづくりプロジェクト」が推進されている。筆者も参加するこの取り組みでは、実は、ポートランドで始まったエコディストリクトの枠組みを大いに参考にしている。

本稿は、「村山顕人:エコディストリクト: 既成市街地を持続再生させる新たな挑戦, BIOCITY（ビオシティ）, No.73, pp.35-43, 2018」から一部抜粋・編集したものである。

05.
次世代自動車の普及に関する調査
（シリコンバレー最新事情）

ジェトロ・サンフランシスコ事務所

担当議員　高桑　敏直

調査日　2017年10月31日（火）
調査先　ジェトロ・サンフランシスコ事務所
対応者　永松康宏氏（次長）　下田裕和氏（次長）

ポートランドの衝撃 | San Francisco

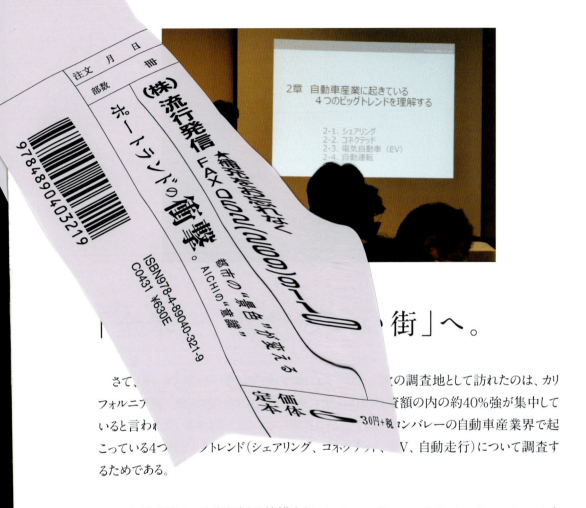

さて、次の調査地として訪れたのは、カリフォルニア州サンフランシスコ。全米のベンチャー投資額の内の約40％強が集中していると言われるシリコンバレーの自動車産業界で起こっている4つのビッグトレンド（シェアリング、コネクテッド、EV、自動走行）について調査するためである。

独立行政法人日本貿易振興機構（ジェトロ：Japan External Trade Organization）サンフランシスコ事務所の報告によれば、カリフォルニア州の経済規模は全米50州で最大、2016年の州内総生産は約2兆5622億ドル。ちなみに、これを国別GDP比較に当てはめると、第一位のアメリカ合衆国（18兆5580億ドル）、第二位の中国（11兆3830億ドル）、第三位の日本（4兆4130億ドル）、第四位のドイツ（3兆4680億ドル）、第五位の英国（2兆7610億ドル）に次いでフランス、インド、イタリア等を抑えて、世界第六位の経済規模に相当する。

カリフォルニア州の経済を牽引しているのがシリコンバレーにおける"イノベーション・エコシステム"。これは「スタートアップ」と呼ばれるアイデアを持って起業しようとチャレンジする人材を、大学や大企業、そして投資家がサポートするビジネス循環システムのことだが、人材と資金を"Try & Error"と称賛する文化・風土によって、効率的且つ野心的に循環させることが出来てこその賜物である。

06.
次世代自動車（FCV）の普及に関する調査
CaFCP

担当議員　安井　伸治

調査日／2017年11月1日（水）
調査先　CaFCP（カリフォルニア・フューエルセル・パートナーシップ）
対応者／Chris White氏（Communications Director）

ポートランドの衝撃 | California

クルマは何で動くのでしょう？

「車は、ガソリンで動くのです」

これは、今から45年ほど前に日本のテレビで流れていたモービル石油のCMのキャッチコピーである。

2000年代初頭、ハリウッド映画「タイタニック」等に主演し、世界的人気俳優となったレオナルド・ディカプリオ氏が"レッドカーペット（アカデミー賞授賞式の会場）"に横付けされた見慣れぬ車の中から現れ、その車名が全世界に広まるきっかけとなったのが、トヨタ自動車が1997年12月に発売した世界初の量産型ハイブリッド車（HV）、エコカー「プリウス」。環境活動に熱心なハリウッド・セレブたちの間で「レッドカーペット＆グリーンカー」と呼ばれるキャンペーンが広がり、エコカー「プリウス」は、瞬く間に世界デビューを果たして行くこととなった。

プリウスの衝撃デビューから20年余り。自動車業界のみならずテクノロジーの進化は目覚ましく、自動車産業を経済の主軸に据える本県においては、激変する地球環境問題への対応はもとより、米国テスラ社の出現に象徴される"自動車の電動化"等、新興国市場を中心に自動車保有需要の増加が予想される世界情勢を俯瞰する中において"次世代自動車"の普及が必要不可欠であるとして、EV（電気自動車：Electric Vehicle）、PHV（プラグインハイブリッド自動車：Plug-in Hybrid Vehicle）、FCV（燃料電池自動車：Fuel Cell Vehicle）等の普及に取り組むとともに、自動走行社会の実現に向けて実証実験等へも積極的に取り組んでいる。

水素派？ それとも電気派？

　とりわけ、水素エネルギー社会実現に向けた取り組みは、2005年（平成17年）7月1日に「あいちFCV普及促進協議会」が設立され、平成29年8月末現在で、自治体55団体（愛知県を含む県内すべての市町村）、自動車メーカー4社（トヨタ自動車、豊田自動織機、日産自動車、本田技研工業）、水素供給インフラ関連企業8社（岩谷産業、JXTGエネルギー、新日鐵住金、大陽日酸、中部ガス、東邦ガス、豊田通商、日本エア・リキード）、その他企業2社（中部国際空港、中日本高速道路）により構成されており、同協議会が2014年（平成26年）2月に策定した愛知県内の水素ステーション整備・配備計画では、2025年（平成37年度）末までに愛知県内100基程度の水素ステーションを設置する整備目標を打ち出し、着々と進めているところである。

　全国の水素ステーション整備状況は、2017年（平成29年）8月現在で"91カ所"で、

ポートランドの衝撃 | California

　愛知県が第一位で16カ所、第2位の東京都が13カ所、次いで神奈川県が12カ所、以下福岡県の9カ所、埼玉県8、大阪府7と続くのだが、全国のガソリンスタンド数がおよそ3万1000カ所余りを占め、ここでも愛知県が全国第一位、およそ1400カ所余りであることと比較すると、"全国91カ所、県内16カ所"とは、いかにも心細い数字である。

　こうした中、本県では、さらなる整備促進のために整備に対する補助として整備費用の1/2を国、1/4を県、合わせて3/4を補助し、運営費においても国、自動車メーカーが補助し、その対象外である土地賃借料等を最大550万円県が補助している。また燃料電池フォークリフト導入促進として国と一体となり補助をする等、普及啓発のために県庁内に水素社会普及ゾーンや、移動式水素ステーションを設置しその普及に努めている。

　一方で、急速な経済成長を続けるアジアの大国・中国の自動車業界が、EVへシフトするとの経済ニュースが世界を駆け巡っている。水素か、電気か、次世代モビリティーのエネルギー競争は混沌としている。

時速200キロで

　筆者にとって今回は、6年振り2度目の北米調査である。当時は、まだ設立されたばかりの新会社「テスラ（TESLA）本社」があるカリフォルニア州・パロアルト市を訪ねた。殺風景な倉庫のような場所に案内され、大きなプラモデルのようなクルマの土台が数台、無造作に置かれていた。それを手作りで組み立てていたのである。（これが世界を震撼させた"未来のクルマ"を製造しているテスラの工場なのか?!）と、愕然としたことを思い出す。

　改めて考えてみれば、ガソリン車の部品点数が全部で10万点程と言われており、その内エンジンを構成する部品は1万点から3万点もあるのに対し、EVに搭載するモーターの部品点数は30点から40点ほどで、インバーターの部品点数を加えてもわずか100点ほど、

ポートランドの衝撃 | California

"走る家電"進化論。

　大きな工場も大量の部品調達・管理も必要なく生産性を上げて行くことが出来るのである。

　そして予想通り、テスラ社が世に送り出すEV車は、大気汚染など環境問題も全米における購入動機への追い風となり、受注台数は40万台を越え、伸び続けている。一昨年にはトヨタ自動車の御膝元でもある名古屋市内にも急速にシェアを拡大し、県内ショールーム1号店をオープンするなど、世界各地にその拠点を広げている。さらに、企業や住民のエネルギーコストを削減し、電力貯蔵用バッテリーパックの生産も開始している。もはやテスラ社は、自動車メーカーという枠組みを超えた、イノベーションに重点を置くテクノロジー企業であり、新たなアイデアを提供するデザイン会社であると言っても過言ではない。

Charged and Ready。

　『Charged and Ready.（受電、準備完了）』
　テスラ社が日本進出を果たした2010年、同社会長兼CEOのイーロン・マスク氏から送られてきたレセプションの招待状に書かれていた言葉を思い出す。まさに"充電・準備完了"の瞬間から、10年も待たずにあっという間に世界をリードする"次世代モビリティー＆デザイン会社"へと進化を続け、現在、テスラ社は"コネクテッド・カー"の最先端をひた走っている。

　テスラ社の電気自動車は、メーカー側にとって"購入後から勝負が始まる"のだと言う。ある日突然、自動車のソフトが無料でバージョンアップされていたり、3カ月毎に自動でバージョンアップされていたりするため、ユーザー側は、次はいつ、どんなバージョンアップがあるのかが楽しみになるのだと言う。

　これまでの自動車メーカーが考える"コネクテッド（つながる）"とは、自動車とインターネット社会がつながり、自動車に新たな価値が付加されるという思考。一方、IT産業側の思考は、インターネット社会の中のパーツのひとつに車が加わったという捉え方。"自動車ファースト"ではなく、人の生活を中心とした捉え方。

　つまり、これまでの"生活"そのものの"クオリティーが変わる"ということである。

ポートランドの衝撃 | California

"水素の未来"は万能か？
"電気の未来"は明るいか？

　何年か前に、ある日本の自動車メーカーが子どもたちを対象に行った"未来の自動車"アイデア募集コンテストでの話。最優秀賞に輝いたのはひとりの女の子のアイデア「車の屋根の上にお花畑がある自動車」だった。この自動車、ガソリンも電気も使わない、屋根の上に咲く草花による光合成をエネルギーとして走るのだと言う。太陽の恵み、天から降り注ぐ雨、肥えた土、そして花と緑、まさに自然エネルギーで走る車だった。

　トヨタ自動車が燃料電池自動車（FCV）の市販化を発表したのは、2013年秋の東京モーターショーでのこと。そして『ミライ（MIRAI）』が世に送り出されたのはそれから約1年後、2014年12月15日のことだった。以来、生産に高度な技術を要するため、『ミライ』の生産台数は発売から約3年後の2017年11月25日現在で5719台、その内、海外輸出は3514台で、6割以上が輸出である。ちなみに1台当たりの組み立て時間は70分、13人掛かり（2直体制）で1日当たり13台を製造する、まさに手作り。車両本体価格723万6000円（税込み）、高級車と同等であることも納得出来る。

　米国では、MIRAI（ミライ）はまず、カリフォルニア州で先行発売され大きな話題を呼んだ。その発売日が2015年10月21日だったことも話題となった。ちなみにこの日は、1989年に公開された人気映画『バック・トゥ・ザ・フューチャー2』の中で、俳優のマイケル・J・フォックス氏が演じた主人公マーティ・マクフライがタイムスリップした未来の日と同じ日付け、という何とも心憎い演出だった。米国にとっても、まさに夢のクルマ、未来のクルマがいよいよ登場したことを強く印象付けたのである。

　それにしても、日本を代表する自動車メーカーであるトヨタ自動車が開発した、世界初となる市販の燃料電池自動車『MIRAI』（ミライ）が、最も売れているのは日本国内でも、他の国でもなく、"カリフォルニア州"であるということに何よりも驚いた。

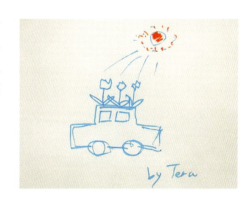

"クルマ"が先か？

　私たちはカリフォルニア州での最初の調査先として、州都サンフランシスコ市にある自動車メーカー、ガソリン会社、政府関係機関、研究開発機関等によって構成される、燃料電池自動車の実用化に取り組むCaFCP（カリフォルニア・フューエルセル・パートナーシップ：California Fuel Cell Partnersip：1999年設立）を訪れた。

　CaFCPのChris White氏（CommunicationsDirector）によるプレゼンテーションの結論は明快だった。「FCVを普及させるには、まずは水素ステーションの整備が必要である」。

　日本の国土面積は約38万km²、カリフォルニア州が約40万km²であることを考えると、2017年8月現在で日本国内で稼働中の水素ステーション整備状況は91カ所（うち愛知県は16カ所）、一方でカリフォルニア州は調査時において31カ所、かつ30カ所が建設中という数字。比較の上では、日本が遅れているとは思えないのだが、問題はスピード感にある。

　米国では、日本と比較して安全基準に関わる法規制が圧倒的に"緩い"のだ。日本のように分厚いコンクリート壁で囲むことを義務付けることなど、ステーションにおいて安全基準をあまりにも強化し過ぎると、コストがかかり過ぎて事業が成立しなくなってしまうとの理由と、拡散性の高い水素の性質なども鑑み、カリフォルニア州における水素ステーションにはコンクリートによる壁囲いの設置義務はない。

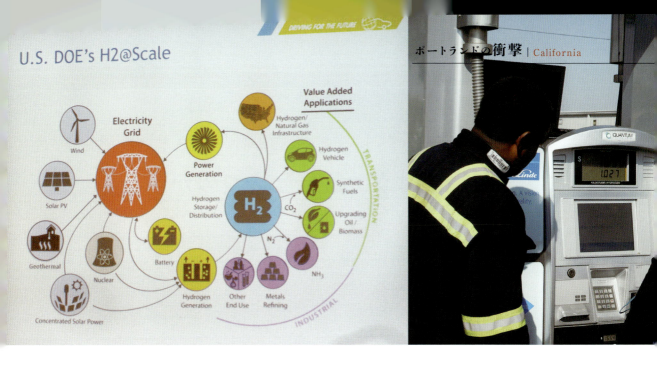

"ステーション"が先か？

　また、自動車を利用する旅行者等の行動パターン調査(2010年)の結果、州内大都市圏であるロサンゼルスやサンフランシスコでは、頻繁に渋滞が発生することから、特に緊密にステーションが設置されていなければならない。合わせて、観光名所や人気スポットまでの中間地点にも充填ステーションが必要であること等々、導入初期段階において州内100カ所にステーションが必要との結論が出され、順次ステーションが設計・開設されているとのこと。さらに水素充填ステーションが技術革新により小型化・高性能化するにしたがって、既存のガソリンスタンドと併存出来るようになっているのだという。24時間営業のガソリンスタンドは利用者も多く、明るくて"安全な場所"として認識されており"併存設置"が進んでいるのだという。米国のハングリー精神と合理的な発想に調査団のメンバー全員は驚かされっぱなしだ。

　事業投資については、カリフォルニア州議会は2023年までの間、毎年2000万ドルを水素ステーションの設置等に投資することを議決しており今後も長期的視野に立って開発・整備が進んで行くことが約束されている。

　2018年1月23日、米国トヨタ販売は、燃料電池自動車『MIRAI』(ミライ)の米国カリフォルニア州での販売台数が3000台を突破したと発表した。発売から2年3カ月。全米の燃料電池自動車の8割以上をMIRAI(ミライ)が占めているという。これは、着実に水素ステーションの整備が進んでいるということの表れでもある。いずれにしても、ものづくり愛知・日本の技術が、米国でも認められ必要とされていることは誇らしいことである。

地方自治体にとって水素社会の到来はどのような意味を持つのか

三菱UFJリサーチ&コンサルティング株式会社
政策研究事業本部 研究開発部 副主任研究員
上田 義人 Yoshito Ueda

2007年3月名古屋大学大学院環境学研究科修了、同年4月三菱UFJリサーチ&コンサルティング入社。主に、地方自治体の官民協働事業の事業化支援に従事。

　水素社会の実現に向けた産官学の動きが加速している。政府は、平成29年12月に水素基本戦略を策定し、水素ステーションの設置数や水素の調達・供給コストの削減など、様々な具体的目標を掲げている。一方、産業界では平成30年3月、トヨタ自動車や日産自動車などを含む11社が「日本水素ステーションネットワーク合同会社」を設立し、今後より一層の水素ステーションの整備・運営、燃料電池自動車の普及を目指している。大学や研究機関等の学術界も、実証実験等で政府や産業界と連携し、我が国が、世界に先駆けて水素社会を実現させようとしているのが垣間見える。

　こうした中、地方自治体においても、実証実験やステーション整備等への補助金、また右図に示す通り構想やビジョンの策定など、様々な施策に取り組んでいるところであるが、ここで改めて、地方自治体にとって水素社会の到来はどのような意味を持つのかを考えてみたい。

　各自治体の構想やビジョンに目を通すと、「環境負荷の低減」「エネルギーの安定供給」「経済活性化」という3つのキーワードが浮かび上がってくる。

◆環境負荷の軽減
　利用時にCO_2を排出しないという水素の特性が評価され、将来的には、製造段階も含めて全く排出しないCO_2フリーが期待されていることは言うまでもない。温室効果ガス排出の大幅削減を国際社会に約束した我が国には、水素を活用しないという選択肢は無いと考える。ただ、地域の住民にとっては、例えば自動車の大半がガソリン車から燃料電池車に替わった場合、魅力として映るのは、CO_2排出量が減ることよりも、排気ガスが無くなることなのではないだろうか。

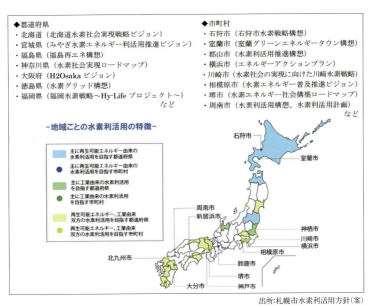

出所:札幌市水素利活用方針(案)

◆エネルギーの安定供給

　資源の大半を海外に依存する我が国は、水から製造できる水素を中心に社会を再構築することで、エネルギーをより安定して供給することができる。しかし、地域の住民の立場では、我が国のエネルギー戦略よりも、例えば災害時にも燃料電池バスが避難所等の電源になるなど、具体的なバックアップが重要なのではないか。各自治体の構想・ビジョンの中でも、災害対応能力の強化を強調しているのは「みやぎ水素エネルギー利活用推進ビジョン」くらいであるが、全ての自治体において、災害時のバックアップとしての価値を認識し、その点も住民に伝えていくことが重要と考える。

◆経済活性化

　国の補助金のほか、都道府県や市町村レベルでも、実証実験や水素ステーションの整備等への補助金が用意されている。こうして自治体が経済的に支えた先には、どのようなリターンが期待できるのだろうか。当然、水素関連技術への投資、水素ステーションの整備・運営といった経済活動が、何より雇用を生み出すことを期待するものと考えるが、目に見えるのは、ガソリン車から燃料電池車、ガソリンスタンドから水素ステーションといったインフラの置き換えに過ぎない。地域の住民が経済的な活性化を体感するには、例えば「水素で動くまち」として、国内外から人が集まるような未来を描くことも必要なのではないだろうか。

　空気がきれいで、災害に強く、にぎわいのあるまち。そのようなまちづくりが実現するのであれば、その手段が水素であろうが他であろうが、住民にとって魅力的であることには変わりない。水素の利活用を、目的ではなく手段としてまちづくりを行う自治体が、勝つのかもしれない。

07. 次世代自動車（環境対応者全般）の普及に関する調査

カリフォルニアエネルギー委員会
担当議員　安井　伸治

調査日／2017年11月1日（水）
調査先／カリフォルニアエネルギー委員会（California Energy Commission）
対応者／Elizabeth Huber氏、Noel Crisostomo氏、Miki T. Crowell氏

ポートランドの衝撃 | California

水素も、電気も、両方だ。

　日本における自動車保有台数は約8100万台（平成27年8月末）と言われており、その内、愛知県の自動車の保有台数は約516万台で全国第1位であり、自動車への依存率は約76％と東京都や大阪府と比較して非常に高い。
　カリフォルニア州は、排ガスを一切出さない自動車（ゼロエミッション車）の普及を促進する「Zero Emission Vehicle Program」を推進しており、新車販売業者には一定の割合のゼロエミッション車を販売することを求めている。州政府は2018年から総販売台数のうち4.5％以上をゼロエミッション車とすることを求める姿勢を打ち出している。

　ちなみに州政府が「ゼロエミッション車（ZEV）」と認めているのは燃料電池車（FCV）、プラグインハイブリッド車（PHEV）、電気自動車（EV）だ。2018年からハイブリッド車（HV）はこのZEVの範囲から外されることとなった。カリフォルニア州では販売する自動車の14％はZEVとすることを義務つけ、これを達成できないメーカーは1台当たり5000ドル（約60万円）の罰金が科せられるなど厳しい政策のもとZEVを推進し、2030年にはカリフォルニア州登録の自動車のうち400万台以上をゼロエミッション車とする目標を掲げている。もちろん規制するだけではなく、インセンティブもある。FCVについては、購入でもリースでも、カリフォルニア州から5000ドルのキャッシュバックがある。また、燃料代は自動車会社が3年間補助している。経済とエコロジーの両立に向けた"飴と鞭"が、バランスを取って用意されている。

"ECO（エコ）・ファースト"を掲げるリーダーシップ。

　こうしたカリフォルニア州の自動車エネルギー政策を所管する「カリフォルニアエネルギー委員会（California Energy Commission）」を訪れた私たち調査団は、またしても米国の合理的発想に驚かされることとなる。同委員会では、本来、マーケットにおいては競合する燃料電池自動車（FCV）と電気自動車（EV）を同じ部署で扱っているのだという。

　世界で最も厳しい自動車の排気ガス規制を有するカリフォルニア州においては"住民の暮らしの未来"のために、CO_2排出量削減が最優先であり、まさに"地球環境（ECO）ファースト"の姿勢を貫く行政組織体制が確立されているのである。FCVであろうが、EVであろうが、良いものはどんどん取り入れて行く、まさに掲げたCO_2排出量削減目標を必ず達成するのだと言うハングリー精神と、それを支える柔軟性と合理的発想の賜物。ゴールの設定と、それに向かって各担当者が受け持つミッションが明快なのである。

　米国は環境の世界基準（パリ協定）から脱退したのでは?との質問に対しても、「トランプ大統領はそのように表明したが、カリフォルニア州ではこの目標を捨てていない」「再生エネルギーの普及推進も、我々だけでやれることである。州法350条はこれを加速させるものであるが、連邦レベルの法律よりも先に法律を制定したので、カリフォルニア州は、より厳しい基準で設定できるようになっている」と担当者は明言した。

　ジェリー・ブラウン州知事のリーダーシップと、そうしたリーダーを選び出す州住民の意識の高さ、そして行政担当者の責任感の強さを感じた。

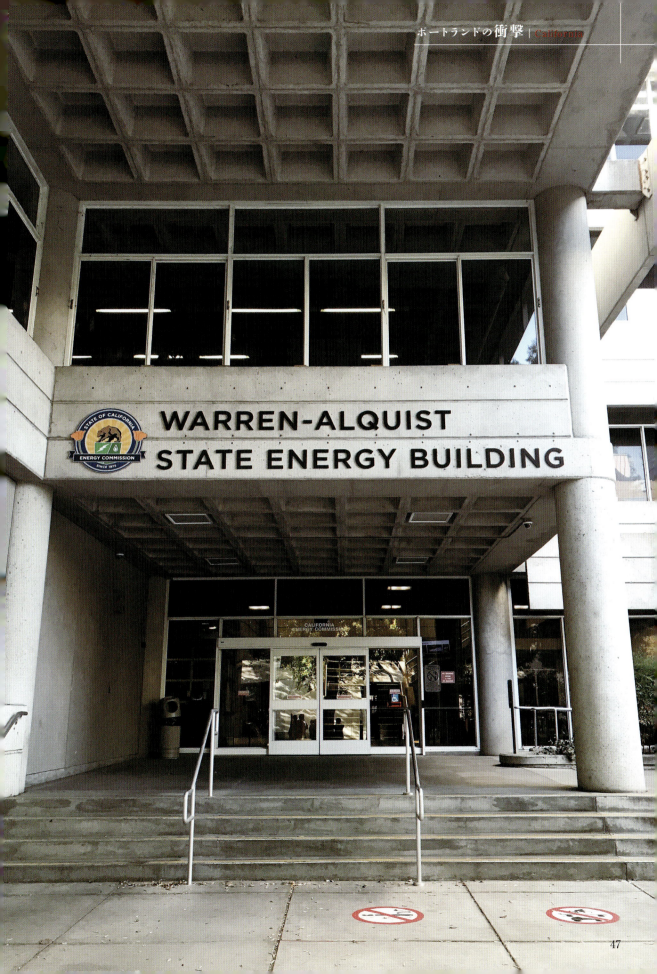

コンテンツ起点のインバウンド観光推進における
顧客視点のマーケティングの必要性

元南山大学教授
(株)電通中部支社顧客ビジネス局次長
安藤 真澄 Masumi Ando

入社以来、企画開発部門、海外事業部門、営業戦略部門、マーケティング部門を歩む。1990年より電通モスクワ事務所初代駐在。日本の広告会社として初めてのロシア(開設当初はソビエト連邦)の拠点開設であった。駐在中にソ連崩壊を体験。2013年6月より(株)電通名鉄コミュニケーションズ取締役専務執行役員。2015年6月より現職。ブランド戦略、CSR戦略、地域開発等のコンセプトプランニングが専門。名古屋大学大学院招へい教員、南山大学大学院教授を歴任。

　少子高齢化社会において地域間競争に拍車がかかる中、コンテンツ起点の観光推進、中でもインバウンド観光推進の声が各地で上がっている。これは地域振興において交流人口を増やす方策であるが、観光で訪れた後も継続的にその地域のファンであり続けるような関係人口を増やす方策でもある。しかし、映画やドラマのロケ地として制作者を誘致するフィルム・コミッションにおいて、ロケ隊に便宜を図るだけでは差別化は難しい。代替地がいくつもある中、交通規制や施設の優先的利用等の便宜は当然視され、ロケ地にふさわしい景観や施設があることが満足に知られていない状態では候補にはならない。その意味で、日頃から地域の興味深い場所や建物を対外的にPRしておく必要がある。地域内各地のフィルム・コミッションは地域全体の観光情報PRサイトと連携する必要があるが、そのPRサイトも外国人目線で興味を持たれるような工夫(日本語の直訳ではなく、日本に対する知識が不足する外国人に興味を持たれるようなストーリーを英語で書き、さらに詳しく知りたい外国人に対しては専門的なサイトに誘導するといった工夫)が必要である。

　佐賀県ではタイの映画やテレビドラマ(『Time Line』、『STAY』、『きもの秘伝』等)の舞台になったことで、タイからの観光客が急増した。『すごいジャパン』のようなタイのネットTV番組で、ロケ地を含む日本の情報が取り上げられることもタイ人の注目を集めることに貢献している。タイ人旅行者は他の人が行った場所で自撮りをしてSNSにアップすることを好むため、インスタ映えするような場所が地域にあることがタイ人旅行者の誘致に効果的となる。一方、中国で話題になった映画『非誠勿擾(フェイチェンウーラオ)(邦題「狙った恋の落とし方」)』の舞台である北海道の阿寒湖温泉では中国からの旅行者が急増したが、単なるロケ地ではなく、清潔で雄大な自然景観であることも魅力となっている。

　インバウンド観光推進のために海外の映画やドラマの舞台に選ばれることを狙うのであれば、外国人旅行者の客単価において上位の中国、タイ、オーストラリア、ベトナム等を視野に入れることが望ましい。世界各地で公開されるハリウッド映画の影響力を考えれば、そちらのロケ招致が効率的ではあるが、その分招致競争も厳しいことを考えると、アジアの映像コンテンツのロケ招致は効果的だろう。

　モノ作りにこだわる愛知県はコンテンツも一つのモノとして捉える危険性があり、製品属性(コンテンツにおいて「ここが舞台になった」「この建物が使われた」という紹介で終わってしまう)に執着する罠に陥る恐れがあ

る。ブランド論の大家であるデイヴィッド・アーカーは「ブランドは製品以上のものであるにも関わらず、すべての人々が共通して製品属性に執着する罠に陥る。」(Aaker、1996)と指摘している。コトが大事だと考えていても、「自分たちの頭にあるストーリーを相手に理解し、共感してもらいたい」といったプッシュ型マーケティング偏重では、対象が本当にそれに共感するのか、そもそも対象が自分たちのコンテンツにマッチした相手なのかを考慮することが難しい(安藤、2015)。

アニメの「聖地観光」はフィルム・コミッションとは異なり、地方行政や財界が作品の舞台として地域を使うよう作家にプロモートした訳ではない。作家独自の世界観の中で、地域が作品の舞台ないしは舞台のモデルとして取り上げられ、それがコアなファンの間で話題になり、ネットやメディアを通じて話題が拡散することで、そこを訪れる旅行者が増加し、社会現象化する。アニメの聖地観光の成功事例として取り上げられる埼玉県久喜市鷲宮町に関しては、「関係者の心に『らき☆すた』というアニメ・コンテンツに対する「敬愛」があったからこそ、こうした素晴らしい交流が生まれたのである。逆に言えば、アニメ・コンテンツに愛の無い主体が「アニメ聖地巡礼型まちづくり」を行おうとしても、そもそも成立し得ない」(山村、2009)との指摘がある。人気のコンテンツに便乗するのではなく、地域の人々も一緒になってコンテンツを愛し、楽しみ、旅行者を受け入れることで地域の聖地観光は持続可能なものとなる。

たとえコンテンツの舞台にならなくても、地域で魅力的なコンテンツ関連のイベントが定期的に開催されるのであれば、それが話題になって人が集まる。名古屋で開催される世界コスプレサミットや東京ビッグサイトで行われるコミケは世界から注目されるイベントになっている。

ある作品で取り上げられ人気となった聖地に群がり、食べ尽くすのではなく、点としての聖地と他の場所を線で繋げ、面として広げる努力をしない限り、愛好家は点だけを見て帰って行く。面として広げるには、点を繋ぐ糸としての「ものがたり」が必要である。岐阜県白川郷ではゲームやアニメの『ひぐらしのなく頃に』の舞台である雛見沢村(ひなみざわむら)のモデルとなった舞台を辿る観光がファンの間で盛んである。聖地巡礼者はバーチャルな雛見沢村をリアルな村の風景の上に重ねて物語世界を追体験している。その結果、リアルな村の風景の中にあるものがものがたりの風景の中に逆に投影されるのである。

対象が何を考え、期待しているか、伝えるではなく伝わるにはどうすべきかを考えるのが顧客視点のマーケティングである。それはインバウンド観光振興にも不可欠の視点である。良いモノを作っていれば、いずれは顧客にわかって貰えると考える姿勢はそこからは遠いのではないか。

文献
Aaker, D. A. (1996), Building Strong Brands, The Free Press, 陶山計介・小林哲・梅本春夫・石垣智徳(訳)(1997)『ブランド優位の戦略―顧客を創造するBIの開発と実践―』, ダイヤモンド社。
安藤真澄(2015)「インバウンド観光を巡る一考察―顧客視点のインバウンド観光マーケティング―」『南山経営研究』第30巻第3号pp.189〜217、南山大学経営学会。
山村高淑(2009)「観光革命と21世紀:アニメ聖地巡礼型まちづくりに見るツーリズムの現代的意義と可能性」CATS叢書Vol.1『メディアコンテンツとツーリズム』第1章、北海道大学観光学高等研究センター。

08.
カリフォルニア州の概要および
経済最新事情等に関する調査

在ロサンゼルス日本国総領事館
担当議員　今井 隆喜

調査日　2017年11月2日（木）
調査先　在ロサンゼルス日本国総領事館
対応者　千葉明（総領事）　竹居雅彦（領事）　平井伊都子（副領事）

ポートランドの衝撃 | Los Angeles

ものづくり愛知。

　日本の成長エンジンとして、わが国の経済をけん引してきた愛知県。"ものづくり愛知"の真骨頂は、トヨタ自動車やSONY、日本ガイシやDENSO、ブラザーやシヤチハタ、ミツカン酢や盛田酒造等々に見られる、独自のアイデア、創意と工夫で未来を切り拓く底力にある。

　本県の製造品出荷額等は、43兆8313億円（2014年）であり、38年連続で日本一を続けている。ちなみに全国第2位は神奈川県（約17兆円）、第3位が大阪府（約16兆円）と他の都道府県を大きく引き離している。約44兆円の内訳は、自動車を中心とした輸送機械、鉄鋼、電気機械器具、部品等の金属製品、業務用機械器具、プラスチック製品などが全国シェアの第1位を占めている。しかしながら、本県に拠点を置くトヨタ自動車株式会社をはじめとする自動車産業の活況が、AI（人工知能）やIoTなど技術革新と日々の競争が繰り広げられるグローバル競争社会において、未来永劫続くものではないことは、誰もが気づき始めている。

　では、「ものづくり愛知」の目指す未来はどこにあるのか？

09.
コンテンツ産業に活用する調査①
LA2028
担当議員　寺西 むつみ、今井 隆喜

- 調査日　2017年11月3日（金）
- 調査先　2028年ロサンゼルスオリンピック・パラリンピック大会組織委員会（LA2028）
- 対応者　Gene Sykes氏（Chief Executive Officer）
　　　　　Jared Schott氏（Director, International Relations & Assistant General Counsel）
　　　　　Danny Koblin氏（Chief Bid Officer）
　　　　　Lenny Abbey氏（Director of Noc/NPC Relations and Operations）

"Follow the Sun."（太陽を追え）

　愛知県は、2020年に県政150年目を迎えることになる。本県の"次の150年"に想いを馳せる時、本県を支える産業の柱は一体何なのだろう？　そのヒントを求めて今回の北米調査、最後の調査地ロサンゼルス市へ向かった。

　"米国の産業変遷とともに進化を続ける街"それがロサンゼルスだ。
　米国の産業変遷の歴史を大まかに言えば、第二次世界大戦後1950年代〜60年代に自動車産業（モータリゼーション）で一気に繁栄し、60年代〜70年代には早くも映画産業（ハリウッドビジネス）に移行、そして70年代〜80年代においてはスポーツをビジネス・コンテンツとして磨き上げて一大スポーツ産業をつくり上げ、世界の産業界を常にリードして来た。こうした新しい産業を創出し続けるエネルギーの源を探るため、今回、最終の調査先として「2028年ロサンゼルスオリンピック・パラリンピック大会組織委員会」および「カリフォルニア・フィルムコミッション」を訪れた。

　1932年、1984年と過去2度にわたる大会を経験し"3度目の開催"を目指す「2028年ロサンゼルスオリンピック・パラリンピック大会組織委員会」は、自信に満ちた笑顔で私たち調査団を迎えてくれた。

　組織委員会が掲げたスローガンは"Follow the Sun."（太陽を追え）。

　"3度目の成功"を目指し、ハングリー精神に満ち溢れている。革新的な技術、斬新で野心的なアイデア、新しい企業文化、それらは止まることのないチャレンジ・スピリッツと共に次々と世に現れる、世界屈指の創造エリア、アメリカ西海岸。その中心部にあたるロサンゼルス市こそが"太陽（the Sun）"であり、その"太陽"を目指し、2028年に、世界がこの街にやって来るという意味がこのスローガンには込められている。

　愛知県が名古屋市と共同して誘致・開催を決めた「第20回アジア競技大会（2026年）」は、このロサンゼルスオリンピックの2年前に開催される。大規模な国際スポーツ大会開催による地域振興、スポーツを活用した人づくり・街づくり、スポーツ産業の育成等々、愛知県・名古屋市はこの"太陽"を追い、謙虚に学ぶ必要がある。

10. コンテンツ産業に活用する調査②

カリフォルニア・フィルムコミッション
担当議員　寺西 むつみ、今井 隆喜

調査日／2017年11月3日(金)
調査先／カリフォルニア・フィルムコミッション(California Film Commission)
対応者／Amy Lemisch氏(Executive Director)

"ドラマチックな街づくり"は儲かる？

　さて愛知県は、基幹産業である自動車産業の他にも、新しい産業創出を目指して"観光"を新たな戦略産業と位置づけ「あいち観光戦略」（平成28年度から平成32年度までの5年間）を策定し、コンテンツ産業の活用による観光振興及び地域振興に関するプロジェクトとして、観光資源の充実を図っている。

　と言うと、実に堅苦しく難しそうな話に聞こえてしまうのだが…。

　もっと解かりやすく言い換えると、例えば名古屋市内の繁華街、例えば三河湾に浮かぶ島々、また、例えば駅のホームや空港のロビー、知る人ぞ知る桜の名所や紅葉が美しい都心の公園、何気無い街角の風景や、暮らしの中の景色、それら何処を切り取っても"絵になる街（ドラマチックな街）"を目指すという事である。

　今回調査に訪れた「カリフォルニア・フィルムコミッション」は、ロケ地としてのカリフォルニア州をPRし、マネジメントしているカリフォルニア州政府に帰属する外郭組織のひとつである。つまり"絵になる街"をビジネスのコンテンツにしてしまおう、という事である。

"景色"は"意識"を変える。

　昨年、建築家の隈健吾氏（現在は東京大学大学院教授）と名古屋市内のレストランで会食の機会をいただいた。

　隈教授は2020年の東京オリンピック・パラリンピックの舞台となる「新国立競技場」や東京銀座の「新・歌舞伎座」等、世界各国でも活躍しておられる日本を代表する建築家であることは今さら言うまでもない。ちなみに、この本が書店に並ぶ頃には"柿落とし"を迎える名古屋市中区の「御園座」も隈教授の設計によるものだ。

　趣味の話、共通の友人、そして"まちづくり"まで話題は多岐にわたり話が弾む。
「ところで寺西さん、なぜ"まちづくり"に興味を持ったのですか？」と隈教授。

「"景色"は"意識"を変える、と思っているからです。"景色"は、そこに暮らす人たちや訪れる人たちの"意識"をつくる、と。だからこそ"まちづくり"が大切だと思っているんです」と僕が答えると、

ポートランドの衝撃 | Los Angeles

「"景色"は"意識"を変える。いい言葉ですねぇ。きっとどこかで使わせていただきますね、その言葉」と微笑みながら隈教授。

『景観十年、風景百年、風土千年』という言葉がある。
「まちづくり」には、何世代にもわたる積み重ねが必要であり、それがやがて「景観」と呼ばれるようになるまでに数十年の歳月がかかる。さらにそれが「風景」となり「風土」となるには数百年も、千年もかかる。

今まさに2027年の開業を目指し、ふるさと愛知・名古屋を中心に広がる"リニア時代のまちづくり"も、やがて「景観」となり、「風景」となり、「風土」としてこの地域や"この国の文化"となって行くに違いない。

"景色"は"意識"を変える。そしてより豊かな"意識"が、新たな"景色"を創るのだと思う。

"地域の未来"に関わる愛知県議会議員のひとりとして、『豊かな意識』を育む、『美しい景色』を、次の世代に残して行きたい。

スポーツイベントを契機とした地域の成長
「愛知・名古屋モデル」の確立に向けて

株式会社 電通
電通ビジネスデザインスクエア ビジネスプロデューサー
伊神 崇　Takashi Ikami

2005年名古屋大学大学院工学研究科修了。同年、株式会社電通入社。企業や地方自治体のマーケティング、コミュニケーションの戦略立案や実施に携わる。特に、エネルギー、自動車、交通、流通や中部地域のエリアマーケティングの分野に精通。近年はスポーツイベントや地域活性化、都市開発など地域プロジェクトにも参画。

　ITの進展に伴い、ライフスタイルが大きく変化している。様々な活動がデジタル空間で行われ、これまでリアル空間にあった多くの産業に影響を及ぼしている。企業や団体は、デジタルトランスフォーメーションを迫られている。

　一方、デジタル空間での活動に飽き足らず、リアル空間での活動へ回帰を求める潮流もある。流行語大賞に「インスタ映え」が選ばれたように、デジタル空間でリアル空間の「リア充」を表現する活動は、その象徴だ。人々はデジタル空間とリアル空間を往来している。リッチなリアル体験と、それをうまくデジタルに取り込むことが、デジタルトランスフォーメーションには有効的だ。

　スポーツイベントにおいて、この潮流はどのように影響するだろうか。ダイナミックな動きやスピードのあるプレーから得られる臨場感。多くのファンとともに応援し、互いに勝利の感動を分かちあう高揚感。現場でしか感じられないリッチな体験価値。これらスポーツの醍醐味は、リアル空間へ回帰する生活者が求めているスポーツの持つ資産そのものだ。このリアルな資産を、どのようにデジタルに取り込むかがスポーツイベント成功の鍵となる。

　政府はスポーツを成長産業と位置付け、2015年に5.5兆円であったその市場規模を2025年までに15.2兆円に拡大するという目標を掲げている。ラグビーワールドカップ、東京オリンピック・パラリンピックは、この成長を加速させるチャンスだ。ただ、産業として成長させるためには、一過性のイベントとして終わらせてはならない。将来を見据えたスポーツイベントの新しいモデルが必要だ。生活者がスポーツを観るだけでなく、自ら参加し、他者と共有し、さらには一緒にスポーツコンテンツを創りあげる、持続的に積極的に生活者が関与し続けられるモデルが必要だ。スポーツの新しい体験価値を提供していかなければならない。

　その点において、デジタルトランスフォーメーションは親和性が高く、有効的であり、重要な役割を担っている。参加性、共有性、共創性は、まさにデジタル技術の得意分野だ。スマートフォンを活用した観戦や参加の仕組み、ITを取り込んだ高機能なスマートアリーナやスマートスタジアムといった構想は、その特性を活かす上で重要な要素となる。

　さらにスポーツイベントは、最先端の映像・音響技術を活用することで、これまで以上にエンタテインメント性を高めることができる。スポーツの持っているリアルな資産を、さらにリッチなコンテンツにすることが可能だ。米国ではスポーツイベントをエンタテインメントショーとして展開している。日本でも、これまでにない新しい体験価値が提供できるだろう。

　スポーツ施設を核に街づくりを行うスマートベニュー概念も検討されている。スポーツ施設は、その集客力からスポーツビジネス以外への経済波及や雇用創出といった地域活性化への潜在力も高い。今回の調査団が視察したロサンゼルスでは、スポーツ施設を軸とした開発により、荒廃したダウンタウンが再生された。そして集客力の高いエンタテインメントや宿泊機能も充実するエリアとなった。スポーツだけでない、それ以上の価値を街全体に提供できるだろう。

　愛知県と名古屋市は、2026年アジア競技大会開催に向け準備を進めている。スポーツイベントのあり方、人々のライフスタイルが大きく変化していく中、どうすれば成功に導くことができるだろうか。ITなど最新技術とエンタテインメント性を巧みに有機的に取り込みながら、これまでにない体験価値を提供するスポーツイベントの新しいモデルが求められる。歴史や文化といったこの地域ならではの価値も含めることで、より競争力を高めることもできるだろう。モノづくりで培ったこの地域の持つ技術力をスポーツイベントに活用し、新たな産業を発展させる潜在力もある。1984年のロサンゼルスオリンピックでは、その時代にあわせ、オリンピックの「民営化」というスポーツイベントの新しいモデルを確立した。この地域でも、スポーツイベントの新しいモデル「愛知・名古屋モデル」を確立することが、スポーツビジネスと地域の持続的な成長、レガシーにつながる。

　これは大きなチャレンジだ。ただ、このチャレンジの成功が、アジア競技大会の成功ともいえるのではないだろうか。

事前勉強会等の実施状況

実施日	勉強会・事前調査先	事前勉強・調査内容
8月28日(月)	アイサンテクノロジー㈱ (豊橋市)	自動走行実証推進事業について、平成29年度受託事業を視察。
9月7日(木)	議事堂内	調査事項に関する県の施策等について、関係部局からヒアリング。 ・集約型まちづくりの推進 ・環境に配慮した公共交通施策 ・次世代自動車の普及 ・コンテンツ産業の活用
9月12日(火)	とよたエコフルタウン (豊田市)	水素ステーションの現状について現場視察および関係者からヒアリング。
9月19日(火)	国土交通省都市局 (東京都千代田区)	集約型まちづくり推進の現状について、関係機関からヒアリング。
	東京大学 (東京都文京区)	少子高齢化時代の都市計画のあり方について、大学の研究者からヒアリング。
9月20日(水)	宇都宮共和大学 (栃木県宇都宮市)	宇都宮市が試みるコンパクトシティ政策について、大学の研究者からヒアリング。
9月22日(金)	経済産業省資源エネルギー庁 (東京都千代田区)	FCV普及推進の現状について、関係機関からヒアリング。
	国土交通省観光庁 (東京都千代田区)	スポーツツーリズムやロケツーリズム推進の現状について、関係機関からヒアリング。
10月5日(木)	スポーツコミッション関西事務局 (電通関西支社)(大阪市北区)	スポーツを活用した地域産業の活性化の取り組みについて、関係者からヒアリング。
	京都市メディア支援センター (京都市中京区)	映画の撮影支援の現状について、関係者からヒアリング。
10月6日(金)	奈良県立大学 (奈良市)	コンテンツツーリズムの現状について、大学研究者からヒアリング。

愛知県議会 海外調査団
プロフィール
Overseas Investigating Group

愛知県議会海外調査団　団長

深谷 勝彦　Katsuhiko_Fukaya

(愛知県大府市選出)

昭和21年3月21日生まれ
京都大学大学院農学研究科修了
大府市議会副議長を経て愛知県議会議員
愛知県議会副議長等要職を歴任
所属会派：自由民主党、現在当選5回

愛知県議会海外調査団　副団長

杉浦 孝成　Takashige_Sugiura

(愛知県高浜市選出)

昭和23年1月4日生まれ
愛知県立刈谷商業家庭高等学校商業科卒業
高浜市議会議長等を経て愛知県議会議員
所属会派：自由民主党、現在当選4回
HP：http://www.takashige.jp

愛知県議会海外調査団　メンバー

高桑 敏直　Toshinao_Takakuwa

（愛知県岩倉市選出）

昭和34年1月27日生まれ
関西大学法学部卒業
岩倉市議会議員を経て愛知県議会議員
自由民主党岩倉市支部支部長
所属会派：自由民主党、現在当選2回
HP：http://www.takakuwa.sunnyday.jp

愛知県議会海外調査団　メンバー

石井 拓　Taku_Ishii

（愛知県碧南市選出）

昭和40年4月11日生まれ
立命館大学法学部卒業
碧南市議会議員2期連続当選を経て、愛知県議会議員
所属会派：自由民主党、現在当選1回
Instagram：@ishiitakukouenkai

愛知県議会海外調査団　メンバー

今井 隆喜　Takayoshi_Imai

（愛知県安城市選出）

昭和52年11月21日生まれ
日本大学文理学部卒業
衆議院秘書、安城市議会議員を経て愛知県議会議員
所属会派：自由民主党、現在当選1回
ブログ：https://ameblo.jp/judo-101/

愛知県議会海外調査団　メンバー

鈴木 雅博　Masahiro_Suzuki
（愛知県豊田市選出）

昭和54年12月3日生まれ
桐蔭横浜大学法学部卒業、
北京大学大学院国際関係学院国際政治学科中退
国会議員秘書を経て愛知県議会議員
所属会派：自由民主党、現在当選1回
HP：http://suzuki-masahiro.jp/
FB：https://www.facebook.com/suzuki.masahiro.toyota/
Instagram：masahiro.suzuki.aichi

愛知県議会海外調査団　メンバー

安井 伸治　Shinji_Yasui
（愛知県名古屋市港区選出）

昭和39年6月16日生まれ
愛知県立惟信高等学校卒業、関西大学社会学部卒業
名古屋市会議員を経て愛知県議会議員
所属会派：新政あいち、現在当選1回
HP：https://sinzi.jp/
Twitter：https://twitter.com/sinzi3710
FB：https://www.facebook.com/sinzi.yasui

愛知県議会海外調査団　メンバー

岡 明彦　Akihiko_Oka
（愛知県名古屋市緑区選出）

昭和37年9月7日生まれ
愛知県立名古屋西高等学校卒業、
筑波大学第2学群比較文化学類卒業
愛知県立高等学校教諭、公明党県本部を経て愛知県議会議員
所属会派：公明党、現在当選1回
HP：http://www.komei.or.jp/km/oka-akihiko/
Twitter：https://twitter.com/oka_akihiko
FB：https://www.facebook.com/akihiko.oka.50

綴　章
Last Chapter

　遡ること7年前、地方議員の海外出張は「税金を使った海外旅行」「物見遊山のお遊びだ」「4年に一度のご褒美旅行だ」等々、全国各地のテレビや新聞で報道され、大バッシングを受ける日々が続いていた。

　そんな"大逆風"の真っ只中、当時愛知県議会議員に初当選したばかりの新人議員だった僕は、抗議の電話や嫌がらせを受けながらも、約2カ月間に亘る国内類似調査・研究等を実施し、愛知県議会海外調査視察団の一員として北米大陸へ派遣された。渡航先（北米）までもテレビ局のカメラクルーが密着取材に押し掛ける始末、ビジネスマン時代に"当たり前の業務"として幾度も海外出張を経験してきた僕は、マスコミによる地方議員叩きのあまりに酷い過熱ぶりに、閉口したことを鮮明に覚えている。

　帰国後、僕は調査団メンバーに調査報告書を"自費出版"してはどうかと提案した。調査報告書の出版だなんて全国でも過去に例がない。皆、半信半疑ながらも同意を得た。

　愛知県議会に提出する公式報告書は、決められた書式で、よほど興味のある人でない限り、堅苦しい内容が綴られた"行政資料"と指摘されても返す言葉がない様なものに思えた。しかも、それを閲覧するためには愛知県議会まで足を運ばなければならないとは…。より多くの愛知県民に届くようなユニークなスタイルで発信したい、愛知県議会議員の海外調査は"遊び"や"無駄使い"ではなく、書籍としても価値ある内容だという事を、議員自身が"新しいメディア"となって発信したいと考えた。それが全国初の試みとして注目を浴びた"調査報告書"「ボルダーの挑戦。Smart Cityに見るAICHIの未来」（平成24年4月発行）だった。

　今回は、7年前とは異なるメンバー9名での北米調査であったが、メンバー全員の総意のもと"第2弾"として、愛知県議会議員の"役割"と"可能性"を一人でも多くの県民に感じてもらいたいとの願いを込めて、「ポートランドの衝撃。─都市の"景色"が変えるAICHIの"意識"─」を出版することとした。

現在、愛知県の人口は約750万人余り、県内総生産（名目）はヨーロッパの中小規模国に匹敵する約36兆円（全国：約514兆円）、県民およそ7万5000人当たりに1人の愛知県議会議員（現在102議席）が4年に一度、選挙で選ばれ、県民の生命と財産を守り未来を切り拓く役割を有する。そのために僕たち地方議員には"2つの権利"が与えられているのだと感じている。

　それは"審議権"と"提案権"。

　議会の場を通して、およそ2兆5000億円（平成30年度愛知県一般会計）に上る予算の活きた使い道を審議する権利（行政チェック型）、抱えている課題を解決し且つ未来への扉を開く鍵となるアイデアを提案する権利（アイデア提案型）である。自身"提案型議員"でありたいと日々精進を続けている。

　2022年、愛知県は県政150年の歴史の節目を迎える。
　今、あらためて"これから求められる地方議員像"について考えてみる。

　『国・地域再生のための"地域のデザイナー"であり"地域のプランナー"かつ"地域のコーディネーター"の資質を持ち、自身は政治に徹することの出来る人材。言わば"地域のスーパーバイザー"の役割を担う人であってほしい』
　初当選した7年前、期待を込めて僕に贈ってくれた友人の言葉である。

　ぜひ、そうありたい。

平成30年3月
愛知県議会議員　寺西むつみ

■企画制作（文・写真）
愛知県議会海外調査団　メンバー
寺西 睦　Mutsumi Teranishi（名古屋市中村区選出）

昭和39年6月26日生まれ。明治大学文学部卒業、同政治経済学部卒業、名古屋大学大学院環境学研究科博士前期課程修了、同博士後期課程単位取得退学（環境学修士）。(株)電通 営業統括局プロジェクト推進部部長等を経て、愛知県議会議員。愛知県議会産業労働常任委員会副委員長、振興環境常任委員会委員長を歴任。所属会派：自由民主党、現在当選2回

著書：「ボルダーの挑戦。-Smart City にみる Aichi の未来-」（共著、2012年、株式会社流行発信）、「パンゲアのうた」（2004年、らくだぶっく）
HP：http://www.teranishi.info/　　　FB：https://www.facebook.com/623tera
Twitter：https://twitter.com/623tera　　Instagram：teranishi623

調査日程

日程	月 日	調査地	調査先	調査事項
1	10月29日(日)	成田発 ポートランド着	（ポートランド泊）	
2	10月30日(月)	ポートランド	ポートランド市交通局	集約型まちづくりの推進、環境に配慮した公共交通施策に関する調査
			在ポートランド領事事務所	オレゴン州の概要および経済最新事情等に関する調査
			ポートランド市住民参加局 （ポートランド泊）	集約型まちづくりの推進(住民参加)に関する調査
3	10月31日(火)	ポートランド発 サンフランシスコ着	ジェトロ・サンフランシスコ事務所 （サンフランシスコ泊）	次世代自動車の普及に関する調査(シリコンバレー最新事情)
4	11月1日(水)	サクラメント サクラメント	CaFCP（カリフォルニア・フューエルセル・パートナーシップ）	次世代自動車(FCV)の普及に関する調査
			カリフォルニアエネルギー委員会 （サンフランシスコ泊）	次世代自動車（環境対応車全般）の普及に関する調査
5	11月2日(木)	サンフランシスコ発 ロサンゼルス着	在ロサンゼルス日本国総領事館 （ロサンゼルス泊）	カリフォルニア州の概要および経済最新事情等に関する調査
6	11月3日(金)	ロサンゼルス	2028年ロサンゼルスオリンピック・パラリンピック大会組織委員会(LA2028)	コンテンツ産業(スポーツ産業)の活用に関する調査
			カリフォルニア・フィルムコミッション （ロサンゼルス泊）	コンテンツ産業(映画産業)の活用に関する調査
7	11月4日(土)	ロサンゼルス発	（機中泊）	
8	11月5日(日)	（羽田経由） 中部着		